AF275670

ANOCHE SOÑÉ UN POEMA

ANOCHE SOÑÉ UN POEMA

Carolina Garay Cortés

Valparaíso
EDICIONES

VALPARAÍSO POESÍA

Diseño de interior y maquetación: Chari Nogales
www.charinogales.com @chari_nogales

Imagen de portada: Exequiel Molina

Primera edición: agosto de 2025

© De los poemas: Carolina Garay Cortés

© Valparaíso Ediciones
C/ Fray Leopoldo, 7 bajo, 18014 Granada
www.valparaisoediciones.es

ISBN: 979-13-87538-45-3
Depósito Legal: GR 1072-2025

Impreso en España - *Printed in Spain*
Gráficas Gami

A quien todo lo puede,
mi gratitud eterna
y las líneas de mi poema
siempre serán
primero para ti.

Para la Gloria de tu nombre

I.

ILUMINADA POR GRACIA

EXALTADO POR SIEMPRE

Para la Gloria de Su nombre.

Nos has sanado las heridas con poemas,
curando los dolores con versos de inspiración divina

Porque Dios escucha el clamor de aquel que sufre,
y responde a la oración de quien se inclina

Su palabra viva da de beber al sediento,
Su obra es maravillosa y Su camino es perfecto

Porque no es en vano este talento,
don bendito heredado de los cielos,
nada es mío, nada poseo,
todo es misericordia,
y lo que proviene del Padre
es amor verdadero.

¡Exaltado sea por siempre mi Rey Eterno!

ESCASEZ

Corazones
vacíos
falta de amor,
      propio

Escasez
de compasión,
otros,
abundancia
de
materialismo.

Y seguimos
como si nada,
mientras allí
las vidas naufragan,
aun cuando
todos
somos
náufragos
vulnerables.

¿Qué somos antes que los demás?

Hoy

no has sido tú,
¿Pero, y mañana?
¿También te salvarás?
Y anhelarás
que alguien venga
a tu rescate.

¿Y estaré yo dispuesta a rescatarte?

Cuántas veces
te ofrecí mi mano
que orgulloso
rechazaste.

Haciéndole menos
que lo efímero,
siendo tan poco
lo que siempre
te he pedido...

MISERICORDIA

Estamos en crisis el mundo no quiere verte
escuchan las noticias alarmantes,
se preocupan, pero solo momentáneamente.

Y entonces llegan aquellas estadísticas,
con esos números preocupantes
de los tantos que fallecen.

Aun así, no entienden
y miran para el norte, el sur y el oriente,
buscándote entre tanta gente
y todavía no quieren verte

No entiendo por qué la humanidad
cambió su corazón por una piedra.

¿Por qué es tan difícil entender
que sin ti no somos nada?
Si contigo lo podemos todo
que esta pandemia no es cosa inventada
y que a todos nos cala hondo.

Observo rostros preocupados
escucho las noticias y me alarman

Ahora me han prohibido llegar hasta tu casa

¿y cuándo se había visto esto?
Ni siquiera en los peores días
de la moderna inhumanidad.

No pudo contener las lágrimas
al ver la indolencia y tantos corazones rotos,
destrozados porque no te conocen
rotos, porque tienen miedo
de no ser como la demás gente.

Porque ya no recuerdan cómo buscar tu rostro,
olvidamos ante quién debemos inclinarnos
porque tú respondes a la oración de quien lo hace.

Solo te pido una cosa:
ten misericordia de esta humanidad
vacía, necesitada, falta de amor.

Aún me queda la esperanza
de que muchos retomarán la consciencia
y sabrán que de tu mano vamos a encontrar la respuesta.

Y así como lo cuenta la historia
sea tu mano poderosa y detenga esta plaga
que lleva tanto tiempo plasmada en el corazón.

¡Ten misericordia!
Oh, Señor
¡Ten misericordia!

¿QUÉ ES EL AMOR?

Para Óscar y Luz María,
porque su amor es como la luz de un faro
que alumbra en medio de la oscuridad.

Eres tú y soy yo,
es el aire que respiras
porque estás aquí y vives,
y te mueves y me besas,
me tomas de la mano y no me sueltas.

¿Qué es el amor para aquellos que dicen haber amado?

No saben que es estar contigo,
y que cuentes conmigo
en tus días tristes
en los más felices,
que cuento contigo
en mis temores y mis anhelos.

¿Qué es el amor?

Sino el actuar de un par de cómplices
como tú y como yo
que nos conocemos el alma
en los ojos, la piel y los sueños.

El amor es esto
que hemos construido,
hacer honor a la bendita palabra de Dios.

Cumpliendo las promesas
de amarnos en el día y la noche,
en la primavera y en el otoño.

En los días hermosos del verano
y en las frías nevadas del invierno
que provocan las tormentas de la vida.

Qué es el amor sino darlo todo
por tu otro yo,
tu compañero,
tu costilla,
tu infinita sonrisa.

II.
EL RECUERDO

ANTICUERPOS

Siento el cansancio en mi cuerpo, aunque me rehúso a sentirlo
percibo los movimientos de cada célula
en la profundidad de mi universo luchando por salvarse,
la ausencia de energía... y estas absurdas ganas de adorarte.

Vuelvo a la memoria, a la abstinencia de tu beso,
la soledad, a mi cansancio.
A mirarme al espejo tratando de encontrarte,
en el reflejo de mis ojos que han soñado toda la vida contigo.

Todo esto sucede en sincronía mientras en mis entrañas
se forman anticuerpos de un virus siniestro.
Me detengo en el tiempo, adivinando la voz del viento.

Hoy no es la lluvia que retumba en la pobre sinfonía
de mi corazón latiendo, pero sí el agua que baja de la ducha,
la que acaricia con ternura mi cuerpo, la que está a cambio de ti.

Por qué si no ofrecí conjuro alguno,
ni a la luna he inmiscuido en este asunto,
de renglones constantes marcando el mismo compás,
no me deja que te olvide.

Sí fue con tal amor que me ofreciste,
barrera tras barrera
cuando aún éramos libres.

Le pregunto al viento, al agua, al perro,
al viejo que pasa frente a mi casa
si yo no pedí amarte, no pedí adorarte

¿Cómo es que no puedo olvidarte?

Yo solo te vi,
y desde entonces no he hecho nada más que amarte.

NO FUISTE NADA

Fuiste el beso que añoré
y nunca llegó,

fuiste la estampa en mi piel
que jamás se borró,

fuiste tanto y más
aún más de lo que podrías
algún día imaginar.

Fuiste todo y fuiste nada,
el verso eterno
que nunca acaba,

fuiste la inocencia
de los días sin prisa,
y la inquietud
de las noches sin luna.

Fuiste mi primer beso
y quien despertó
el fuego en mi piel,
fuiste la adolescencia
en los labios de esta mujer.

Fuiste un verano,
fuiste un invierno,
fuiste el anhelo
de un sueño
que ya no
podrá
volver.

TE VI VOLVER

Regresaste y no fue *déjà vu*,
te tuve delante de mis ojos,
traías contigo nuestra música en el playlist
donde reposa aquella canción que cuenta nuestra historia

Te vi volver,
no fue espejismo, ni oasis en medio del desierto de mi soledad,
tampoco fue el espectro de tu recuerdo que apaciguaba
en el cajón de mis anhelos

Te sentí cerca, respiré tu aliento
volví al pasado y al deseo

Te vi asomarte buscando mi mirada,
allí donde te esperé con calma,
sentada en una banca del parque
en el centro de la ciudad
donde por última vez nos dijimos adiós

Te vi y añoré ver el reflejo de tus ojos en los míos
deseé ver tu sonrisa, el beso de tus labios

Quise volver solo para escuchar el tono melódico
de tu voz al pronunciar mi nombre.

SILENCIO

No me pidas nada,
no me pidas que no esté triste,
o que no me aferre a mis fantasmas,
a los recuerdos que me acompañan
cuando tú prefieres abandonarme en tus silencios,
que crueles me recuerdan a esta soledad
que cada día se acostumbra más a mi presencia.

Pareciera que no quiere soltarme
porque aún la soledad no quiere entender
lo que es extrañarte.

No me pidas que no sienta,
o que oculte detrás de una sonrisa
a medio dibujar en mis labios,
las lágrimas que ruedan por mis mejillas
en las noches que el frío de la soledad
me recuerda que le haces falta
al lado izquierdo de mi cama.

¿Sabes?

A partir de hoy ya no me pidas nada,
porque el hielo de tus silencios
congeló los besos tibios de mis labios
que estaban destinados a ser tuyos para siempre...

III.

EL ANHELO

CAMINARÉ

Caminaré de tu mano
a tu lado,
el camino corto
y también el largo.

Caminaré contigo
de madrugada,
entre mis sueños
y tus brazos.

Caminaré bajo la lluvia,
un desierto y navegaré
mil mares
si es necesario
para llegar a ti.

Caminaré sin prisa,
abrazada a tu cintura
todas las fechas,
que marca el calendario
de tus besos en mi piel.

Caminaré por ti
el valle y la montaña,
navegaré por el río

buscando el cielo
de tu mirada.

Todos los días
y las noches que me faltan,
caminaré hasta encontrarte
hasta llegar a ti...

LA FLOR EN MIS LABIOS

No eres el beso que dejé de entregar a la madrugada,
ni el abrazo que esperaba sentada,
tampoco las lágrimas que han rodado por mis mejillas
en los días de nostalgia.

No eres el roce de sus manos acariciando mi cuerpo,
tampoco el fuego que arde en mi piel,
o las húmedas sábanas que cubrían nuestros sueños.

No eres el aleteo de las aves que atraviesan el océano
buscando el ocaso,
tampoco eres la arena que danza con el viento,
o los peces que huyen de las redes...

¿Acaso, quién eres?

Que no eres tanto,
pero me perturbas en los días de descanso,
como la flor en mis labios,
aquella que se hace dueña
y se convierte en el espectro de su recuerdo.
—Lo hace eterno—

¿Quién eres?

Sino la cómplice de mi desvelo,
la forja de mi pluma,
el poder de mi aliento,
la sangre que corre por mis venas
mezcla sublime de la tinta que brota de mi alma.

Aquella quien una vez cruza la puerta
tiene poder como el filo de una espada.

MIENTRAS ABRAZO MI ALMOHADA

Quiero dormir contigo
abrazada a ti,
y hacer mi propio cielo
con las constelaciones
en tu espalda.

Quiero soñar tu sueño,
y navegar los mares
desconocidos de tu silencio,
mientras en el infinito
de nuestra noche
mi corazón canta.

Quiero escucharte respirar
junto a mi almohada,
entre dormida y despierta,
entre lo imaginario y lo real,
entre mi anhelo y tu deseo,
entre tu sueño y mi paz.

PROMESA DIVINA

Te lo ruego, no me engañes
que aún me duele el alma de pasado
y el corazón no aguanta otra temporada
en cuidados intensivos.

Te ruego por lo que más quieras
no lastimes mi confianza ni juegues con mi amor
porque mucho me ha costado entregarme a tus brazos
después de las largas temporadas de invierno
que han visto caer mis ojos

Te lo ruego, sé piadoso y trátame con cuidado
porque la tinta que fluye con mi esencia
está cansada y se rehúsa,
ya no quiere más poemas tristes recitar.

Y mis labios aún resecos solo quieren humectarse
en el bálsamo de tus besos,
promesa divina que se manifiesta
cada vez que duermo entre tus brazos.

IV.

EL DESEO

ETERNAMENTE ENTRE TUS BRAZOS

Y si esta noche
en mi sueño te encontrara
dulce amante mío,
tibia en tus brazos me ciñera,
cobijada de tus sueños y los míos.

Y si sola la noche aquí me hallara,
caminando descalza por valles sombríos,
tu abrazo redimiera de aquel sueño nebuloso,
oculto en el misterio de la sombra de la noche,
que en el silencio más recóndito
grita tu nombre,
será escuchado entre las oscilaciones del viento
que sopla fuerte y avanza lento.

Entre sueños y realidades
vivo y muero,
ando y me detengo,
me forjo camino,
paso a paso
sigo tus pasos,
anhelando que se encuentren con los míos,
un día muy cercano en el que tus dulces labios
disuelvan a los míos.

Paso a paso, amarte lento
quiero tener tu cuerpo frente al mío,
sintiendo el calor de tus brazos
como el sueño de aquella noche
rodeada de oscuridad y frío.

En el calor de tus brazos
que rodean mi cuerpo frío y tenso
se rehúsa a creer en el amor
y en este encuentro
incitado por el destino,
pues ni tú ni yo teníamos intención de buscarnos
más sus danzas perfectas, su juego preciso,
frente a frente nos puso en el mismo camino.

No sé con qué sentido
pero la sensación que causas
es como caudal de río enfurecido,
arrastras a mi alma hasta el fin.

Con o sin sentido estas palabras
son solo el efecto de la causa,
de la llama que encendió tu mirada
en esa noche cuando ya no creía en nada.

Aún con la insistencia de tus palabras,
se ha ido avivando la llama,
hoy sé que no es solo pasión lo que causas
más allá de tu mirada.

La vibración de tu cuerpo esperando al mío,
viaja entre las olas del mar revuelto de pasión
allí nuestras almas se conectan en perfecta sincronía,
y hacen el amor una y otra vez,
mientras nuestros cuerpos permanecen
en la distancia, fríos, sedientos y celosos
solo las almas tienen ese privilegio.

Y vuelan lejos, eternamente,
sin medir distancias,
espacios o tiempos,
y se aman libres como el viento.

VERSOS EN LA PIEL

Escríbeme versos en la piel,
pero con la tinta de tus labios
y finaliza con la estampa de tu fuego

No uses puntos ni comas,
aún no le des fin a la historia,
porque piel nos queda para escribirnos versos
con los labios hasta el amanecer...

SINCE THAT NIGHT

Do you hear me when I shout your name
in the middle of the night?

When my body bursting into flames
searching for your lips,
wakes up drowning in desire
after having savored the elixir
of your kiss.

Eternity stretches between us
while questions remain unanswered
as if is not enough
to know that your hands
are so far away from my body

In insanity loosing
my peace traveling back
to the place in my memory
that only belongs to us.

I THINK OF YOU WHEN
I'M UNDER THE SHOWER

I wish you were here
or I was there
somewhere
between this realm
of desire
unleashed passion
you provoke in me.

I am here,
under the shower
composing verses
in my head
fighting with the thought
of losing them
wishing you were here,
or I was there.

The warm water travels
down my spine
my hands
along my breast,
I close my eyes
only to find an image of you
running your lips through my body

up and down
left and right
I open my eyes
and I just wish,
wish once again
you were here
or I was there

To touch
to tease
to bite
to nibble
our flesh

Enhancing the fire
between my legs
indulging ourselves
into the magical treat
because,
who said sex is such a sin?

When is no more than
a physical action,
a translated expression
made by the souls
in another sphere
unknown to most...

I wish to see you soon
somewhere near the ocean
where we can catch a glimpse
of the sunset
before these bodies
turn into dust,
for that we are
from the beginning
of our existence
to the reminiscence
of our love.

V.

LA FELICIDAD

PARA UNA MADRE

¿Habrá recitado el poeta
todas las rimas
que se cantan en la voz
del corazón?

Serán suficientes las palabras,
los versos compuestos,
y la poesía pendiente,

la tinta y papel
para plasmar en prosa
la rosa que quiero darle
a mi madre

Sería suficiente
con ofrecerle mi poesía
al ser que me regaló la vida
al cuidarme de noche y de día

porque para una madre
hace falta más
que un ramillete de estrellas
en una noche de luna llena
o recoger toda la arena del mar

Para el amor
que yo siento por ella
esto es más que un simple poema,
es la voz de mi alma y mi regalo
mi abrazo y mi cantar.

SANGRE DE TU SANGRE

Te busco después de soñarte
y escucho tu voz en el silencio,
en mi memoria, en los latidos de mi corazón,
en el recorrido de la sangre que viaja por mis venas

En el color café de mis ojos
que parecieran ser fiel copia de los tuyos,
y la dulce forma de tu sonrisa
que como espejo se refleja en mi rostro

En la forma de mis pies,
que quisieron seguirte tantas veces los pasos,
solo para encontrarme en el arrullo de tu abrazo

En mis manos que orgullosas
se enlazaban entre las tuyas,
y como una pequeña hormiguita
exploradora encontraba un paraíso

En nuestras letras porque hasta
en la elocuencia de mi palabra te encuentro,
en la manera única de encontrar lo dulce de la vida
en lo salado del mar

En saber navegar entre canciones
a mundos desconocidos en otros dialectos
que solo para nosotros tienen sentido

Y es que soy sangre de tu sangre,
un soplo de tu aliento,
una parte de tu alma,
de tus ojos y tu risa,
soy la vida que me regalaste
la madrugada de un viernes
en septiembre.

COLOMBIANA

El amor por mi patria
el color de su esmeralda dibujado sobre sus montañas,
el olor a café, a tierra húmeda fértil, soberana.

El corazón palpita con fuerza
en tres colores y mis ojos se deleitan
en la historia que le ha visto florecer.

El recuerdo de sus playas
de su fauna y sus rosas,
su gente que es mi gente
mi sangre y mi piel.

El amor por la bandera
define los colores de mi tierra
cual luz resplandeciente
hace mi cuerpo estremecer.

Recorriendo los caminos
entre pequeñas calles
que tanto han de saber.

Esta patria que me duele
es la misma que me vio nacer,
aún a la distancia la siento padecer.

¡Oh! Patria Inmarcesible,
guerrera valiente,
luchaste siempre firme
por tu libre proceder.

Hoy no te rindas,
no claudiques,
no te vendas,
ni por oro,
ni por tierras,
a la mano del tirano
de malvado parecer.

Amada patria mía
aunque lejos hoy esté
ni los días
o las horas,
ni mil mares
se podrán interponer,
mi corazón te pertenece
y yo jamás te olvidaré.

Hermosa tierra mía
orgullosa siempre estaré
de llamarme tu hija
Colombiana,
conmigo siempre te llevaré.

ENTREVISTA CON EL SOL

Poeta:

¿Por qué abandonas a tu amante en la soledad y en las penumbras?

Sol:

Jamás, desde la existencia de los seres,
desde el primer pensamiento de amor
he olvidado a mi amada.

Poeta:

¿Por qué entonces triste y solitaria la veo deambular
de noche por mi ventana?

Sol:

Nunca está sola mi amada, siempre acompañada del reflejo
de mi luz, del calor de mis brazos y de las estrellas procreadas.

Poeta:

¿Acaso no te invade la tristeza por no poder estar con ella?

Sol:

Para nosotros no hay distancia que valga, solo importa el
amor que sentimos,
con eso nos basta.

Poeta:

Comprendo tu argumento; sin embargo, a veces la veo
asomarse a la ventana, melancólica, triste, abandonada.

Sol:

Lo que tú no ves amada poeta, es que mientras tú la
observas en tu nostalgia,
en las noches cuando escribes tus poemas, son mis brazos
ardientes haciéndola mía, tú no me ves tomándola por la
espalda.

SERÁS EL AMOR DE MI VIDA

Serás el amor de mi vida,
por el resto de ella
mi mejor poema,
y el verso de tu beso
que rima sobre mis labios

Serás brillo de estrella
en la oscuridad de la noche
destellos que se desprenden
de nuestros ojos cuando nos miramos

Serás mi refugio y mi remanso,
quien roba mis suspiros
y comparte los secretos de mi almohada

Seré tu apoyo, tu amiga, tu casa
la flor del campo
el agua del desierto
brisa fresca en el verano
pétalo suave de rosa
sol en el invierno

Seré tu ayuda idónea
de la mano de nuestro Padre Eterno

Cada día de esta vida a tu lado
seremos el uno para el otro
amor bendito del cielo

VI.

EL AMOR (PROPIO)

CAROLINA

Jamás te habían escrito un poema,
y es que no hay nada más lindo que brindar por uno mismo
mientras lloras y te miras al espejo.

Las ventajas de ser adulto y poder comprar tu propio vino,
brindas contigo misma recordando un fracaso tras otro
y otro intento fallido en el amor
porque pareciera que tampoco funcionó cambiar de idioma.

Carolina, te paras frente al espejo con tu collar nuevo
y ese vestido negro que vive encerrado en el clóset
porque nadie lo conoce,

solo tú, en tus viajes mientras sueñas despierta,
y en los momentos como esta noche que lo sacas del clóset
para jugar a las muñecas, contigo misma, frente al espejo.

Un trago más de ese *Pinot Noir* que ese novio árabe
te enseñó a degustar
porque de cada estrella te ha quedado algo prendido al alma,

al recuerdo, y recuerdas otro amor fallido en el intento,
otro trago más que se acompaña de una lágrima
sacudes la cabeza y te preguntas el porqué de tu nostalgia.

¿Serán las hormonas?

O las sacudidas que te sigue dando la vida
sollozos, llanto, dolores acumulados, miedos, desencantos,
hoy te pasan de nuevo la cuenta de cobro
y te recuerdan el amargo.

¡Ah! Mi dulce Carolina,
¿por qué elegiste ser poeta?
¿Por qué, mi niña?
¿Por qué?

Si siempre vuelves a lo mismo,
a la tinta y a la libreta, al poema triste, al llanto, al desamor.

Ya sientes en tu corazón que aquello que esperas nunca llegará
porque solo basta con que abras tu corazón,
para verte nuevamente frente a un espejo
con una copa de *Pinot Noir*,
recordando amores viejos vestida de ilusión.

ORTOGRAFÍA

Amarte desde lo más profundo del corazón,
donde nacen aquellos versos que me inspiras.

Amarte desde el alma, donde brota la tinta
origen de mi poesía solo para alcanzarte.

No puedo prometerte la luna o las estrellas,
porque no me pertenecen,
pero sí mis sílabas, y monosílabas,
mis diptongos y mis comas,
mis puntos suspensivos...

Los destellos de mi pluma derrochando tinta
sobre el papel.

¿Quién puede escribir un poema de la nada,
si no es el amor la causa?

ATARAXIA

Cuánto hemos amado
tanto más amor entregamos en otros brazos
que al final terminaron siendo efímeros
y se convirtieron en amargo

Cuántas veces creímos que había llegado el momento,
la persona indicada, el beso perfecto, el abrazo eterno,
la respuesta inequívoca del cielo

Cuánto más nos hemos mentido
alimentando el alma con cualquier cosa,
con pétalos de rosas ya marchitas
solo por llenar vacíos y remendar a medias el corazón

Cuántas veces creímos vernos reflejados en otros ojos
sin darnos cuenta de que eran espejismos,
como en medio del desierto el oasis calma nuestra sed,
en nuestra constante búsqueda de la ataraxia cada amanecer

Tanto amor desperdiciado,
besos maltratados,
noches malgastadas en otros brazos,
tantas lágrimas derrochadas y promesas lanzadas al viento
que jamás se cumplirán

Porque no era el tiempo,
no eran aquellas almas,
ni esas sonrisas que jamás encajarán con la mía,
no era ninguna de estas historias la que se convertiría
en verdad

No eran aquellos brazos fríos,
ni los corazones infrecuentes,
no eran esos ojos intermitentes,
ni esos labios cansados de besar.

No eran ellos,
no fue ninguno,
no eran
porque eras tú.

A MI NIÑA

Si me burlé de ti cuando éramos niñas,
si no supe escucharte y solo hice ruido,
perdóname

Si alguna vez te rechacé
y no jugué contigo a las muñecas,
si ignoré tu dolor,
perdóname

Si no te amé lo suficiente
y me olvidé decirte
lo hermosa que eres,
si te abandoné y dejé de abrazarte,
perdóname

Si olvidé recordarte lo valiosa y valiente que eres,
si te hice a un lado para darle tu lugar a otros,
perdóname

Perdóname por mi inocencia,
por la falta de experiencia,
por no llegar a tiempo a rescatarte
de las almas perversas

Perdóname y perdónate porque
no ha sido tu culpa ni la mía

pero es que así nos ha tratado la vida
a veces cruel, a veces tímida

Perdóname, mi niña
y sanemos las heridas
que aún nos queda tiempo
para ser felices.

A mis poemas

de carne y hueso

que andan deambulando

por las calles y ni siquiera saben

que lo son...

—los amé—

AGRADECIMIENTOS

Thank you to Tim Felice and the Felice Trial Attorneys team for your support and for fostering an inspiring work environment.

ÍNDICE